www.ingramcontent.com/pod-product-compliance
Lightning Source LLC
LaVergne TN
LVHW010418070526
838199LV00064B/5337
9789358724097

اردو تحریک

(مضامین)

ڈاکٹر محمد شریف نظامی

© Dr Mohd Shareef Nizami

Urdu Tahriik (Essays)
by: Dr Mohd Shareef Nizami
Edition: March '2024
Publisher :
Taemeer Publications LLC (Michigan, USA / Hyderabad, India)

ISBN 978-93-5872-409-7

مصنف یا ناشر کی پیشگی اجازت کے بغیر اس کتاب کا کوئی بھی حصہ کسی بھی شکل میں بشمول ویب سائٹ پر اَپ لوڈنگ کے لیے استعمال نہ کیا جائے۔ نیز اس کتاب پر کسی بھی قسم کے تنازع کو نمٹانے کا اختیار صرف حیدرآباد (تلنگانہ) کی عدلیہ کو ہو گا۔

©ڈاکٹر محمد شریف نظامی

کتاب	:	**اردو تحریک** (مضامین)
مصنف	:	**ڈاکٹر محمد شریف نظامی**
جمع و ترتیب / تدوین	:	اعجاز عبید
صنف	:	غیر افسانوی نثر
ناشر	:	تعمیر پبلی کیشنز (حیدرآباد، انڈیا)
سالِ اشاعت	:	۲۰۲۴ء
صفحات	:	۴۲
سرورق ڈیزائن	:	تعمیر ویب ڈیزائن

قومی ذریعۂ تعلیم

پیش لفظ

زبان دراصل ایک سماجی فعل اور کسی بھی قوم کے وجود، بقااور اس کی ترقی کے لیے ناگزیر ہے۔ لہٰذا یہ ایک نسل سے دوسری نسل تک پُل کا کام دیتی ہے۔ بعض دیگر اہم مسائل کی طرح، بدقسمتی سے ہماری حکومتیں ذریعہ تعلیم کے مسئلہ کو حل کرنے میں بھی ناکام رہی ہیں۔ اس وجہ سے ملک میں تعلیم کے فروغ، اس کی کیفیت اور ثقافت وسیاست نیز معیشت کے میدان میں ہم نے کھویا تو بہت کچھ ہے لیکن پایا بہت کم ہے۔ ارباب اقتدار اور مراعات یافتہ طبقات کو تو روز اول سے ہی انگریزی ذریعہ تعلیم کا "بخار" چڑھا ہوا تھا لیکن چند سالوں سے عوام الناس بھی اس "مرض" میں تیزی سے مبتلا ہونے لگے ہیں اور ترقی بذریعہ انگریزی کا غلغلہ بلند ہے۔ حال ہی میں حکومت پنجاب نے پورے صوبے میں اول جماعت سے "انگلش میڈیم "کا آغاز کر دیا ہے۔ اندریں حالات اس مسئلہ کو حقائق کے تناظر میں دیکھنا لازمی ہے حقیقت میں ہمارا حال کچھ ایسا ہو اجار ہا ہے کہ؛

قدم اٹھتے ہی بڑھ جاتی ہے منزل

بظاہر فاصلہ کم ہو رہا ہے

آئندہ سطور میں اردو کی تاریخ اہمیت، اس کی عالمی زبان ہونے کی حیثیت، جدید

علوم کے حصول کے حوالے سے اس کی وسعت وصلاحیت اور ہر سطح پر رائج کرنے کی ضرورت پر اظہار خیال کیا جائے گا۔ اس حوالے سے دی گئی معلومات اور منہ بولتے ناقابل تردید حقائق کے ثبوت موجود ہیں جن کے یہاں اندراج کا یہ مختصر سا کتابچہ متحمل نہیں ہو سکتا۔ احقر نے اپنا پورا پتہ اور فون نمبر درج کر دیا ہے لہذا عوام وخواص میں سے جو حضرات چاہیں متعلقہ حوالہ طلب کر سکتے ہیں۔ ان کے پہلوؤں کے علاوہ ایک نہایت تلخ حقیقت، اردو پر مختلف حملہ جات کا تذکرہ، بھی نہایت اختصار سے کر دیا ہے۔ جس کی غرض اہل دانش وبینش اور اصحاب اقتدار کی توجہ اس جانب مبذول کرانا ہے کہ ہماری قومی بلکہ اسلامی زبان غیروں سے بڑھ کر اپنوں کے مظالم کا کیوں شکار ہوتی رہی ہے ؟جبکہ حکومت پنجاب کے متذکرہ بالا اقدام نے تو اس کی انتہا کر دی ہے۔ فی الواقع اس کتابچہ کی تحریر کا فوری سبب یہی قومی سانحہ بنا ہے۔ نیز آغاز پر یہ بتا دینا بھی لازم ہے کہ احقر کسی لسانی یا نسلی عصبیت، علاقائی رقابت اور پیشہ وارانہ وابستگی سے بالاتر ہو کر درج ذیل تحریر سپرد قلم کر رہا ہے۔ میرا علمی میدان کیمسٹری ہے اور آباء واجداد ہفت پشت سے پنجابی۔ البتہ عمر بھر اقبال کے اس شعر پر عمل کی مقدور بھر کوشش کی ہے۔

اپنے بھی خفا مجھ سے ہیں بیگانے بھی ناخوش
میں زہر ہلاہل کو کبھی کہہ نہ سکا قند

تاریخی اہمیت

گلکرسٹ (ایک انگریز) نے سب سے پہلے اُردو کو فورٹ ولیم کالج کلکتہ میں 1800ء میں اپنایا اور اس میں متعدد قابل قدر تصانیف مکمل کروائیں۔ 1918ء میں عثمانیہ

یونیورسٹی حیدر آباد (دکن) میں اسے بطور ذریعہ تعلیم اپنایا گیا۔ سائنس، انجینئرنگ، آرٹس اور جملہ علوم، ایم اے، ایم ایس سی کی سطح تک، اردو میں ہی پڑھائے جاتے رہے۔ اس کے بعد 1927ء میں میڈیکل کی تعلیم بھی اردو میں شروع ہو گئی۔ یہاں تک کہ 1948ء میں بھارت نے اس پر غاصبانہ قبضہ کر کے یہ سلسلہ ختم کر دیا۔ مشرقی پنجاب کے انجینئرنگ کالج رُڑکی میں 1935ء میں ذریعہ تعلیم اردو ہی تھی۔ اسی طرح آگرہ میڈیکل کالج 1938ء میں، اردو اور انگریزی دونوں بطور ذریعہ تعلیم رائج تھیں۔ مزید یہ کہ 1941ء میں دہلی کالج میں یہی زبان ہی حصول علوم و فنون کا ذریعہ بنی۔ جامعہ ملیہ علی گڑھ میں نصف صدی تک تمام علوم اردو میں پڑھائے جاتے رہے عثمانیہ یونیورسٹی کے ایک میڈیکل گریجویٹ کو ملٹری ہسپتال کا کمانڈنٹ آفیسر بنایا گیا اور اس کا اردو میں طب پڑھنا آڑے نہ آیا۔ 1935ء میں برٹش میڈیکل کالج کونسل نے یہاں یہاں کے فارغ شدہ میڈیکل گریجوایٹس کو برطانیہ میں براہ راست ایف آر سی ایس کا امتحان دینے کی اجازت دی۔ ان سب سے بڑھ کر چشم کشا امر یہ ہے کہ 1807ء میں کلکتہ میڈیکل سکول میں انگریزی کے ساتھ ساتھ اردو میں بھی تعلیم دی جاتی تھی۔ 1818ء میں لندن میں علوم شرقیہ کا ارادہ قائم کیا گیا۔ جس میں اٹھارہ اردو تصانیف کی گئیں۔ 1855ء میں یونیورسٹی کالج لندن، 1859ء میں آکسفورڈ یونیورسٹی اور 1860ء میں کیمبرج یونیورسٹی میں اردو کی تعلیم و تدریس شروع کی گئی۔ متعدد حضرات نے لندن یونیورسٹی سے اردو میں پی ایچ ڈی کی ڈگریاں بھی حاصل کیں۔ اسی طرح پروفیسر رالف رسل نے اردو کو برطانیہ میں مقبول بنانے کے لیے اس کے استاد شعراء پر کتب تحریر کیں۔ ملکہ وکٹوریہ اردو کی خوبیوں سے متاثر ہو کر اس کی اتنی شائق ہو گئی تھیں کہ اسے سیکھنا شروع کر دیا۔ وہ بعض اوقات اپنی ڈائری بھی اردو میں تحریر کیا کرتی تھیں۔

غیروں کی گواہی

جب 1917ء میں عثمانیہ یونیورسٹی میں تمام مضامین اردو میں پڑھانے کا سوچا جانے لگا تو اس غرض کے لیے تعلیمی کمیٹی کا اجلاس ہوا جس میں سارے ماہرین ہندوستانی اور صرف ایک گورا (انگریز) تھا۔ اس کے علاوہ سب نے، ہمارے آج کل کے بلکہ پوری تاریخ پاکستان کے ارباب حل و عقد کی طرح، اسے رواج دینے کے راستے میں مشکلات کا تذکرہ شروع کر دیا۔ بات کافی لمبی ہوگئی تو اس انگریز نے زور زور سے میز پر مکے مارتے ہوئے کہا؛ "تم کیا فضول بحث شروع کیے بیٹھے ہو۔ جب دو سو سال پہلے برطانیہ میں انگریزی کو لاطینی کی جگہ بطور ذریعہ تعلیم اختیار کئے جانے کی بات ہوئی تو بالکل ایسے ہی دلائل دیئے گئے۔ چھوڑو اس فضول بحث کو اور اردو میں تراجم کا کام شروع کر دو"۔ اس پر کمیٹی میں سناٹا چھا گیا اور ارکان بغلیں جھانکنے لگے۔ کاش اس گورے کی بات ہی مان کر اردو کو یوں اپنے وطن سے بے دخل نہ کیا جائے۔ آج ہماری تعلیمی کمیٹیاں بھی عثمانیہ یونیورسٹی کی تعلیمی کمیٹی کے مقام پر کھڑی ہیں۔ در حقیقت اردو ہماری ترقی کی راہ میں رکاوٹ نہیں بلکہ اس کا سبب کچھ اور ہے

تقدیر کے قاضی کا یہ فتویٰ ہے ازل سے
ہے جرم ضعیفی سزا مرگ مفاجات

لارڈ چیمس فورڈ کی انگریزی ذریعہ تعلیم کے حوالے سے 1917ء میں دی گئی رائے بھی عقل و دانش کے دریچے کھولنے میں بہت مددگار ثابت ہو سکتی ہے۔ ایک موقع پر انہوں نے اس حوالے سے کہا؛ "مقامی طالب علم نوکریوں کی غرض سے ایک مشکل اور غیر ملکی زبان کو طوطے کی طرح رٹ تو لیتے ہیں لیکن حاصل شدہ علوم پر انہیں بہت کم

عبور حاصل ہوتا ہے۔ یہ تعلیم نہیں بلکہ تعلیم کا منہ چڑانا ہے" واضح رہے کہ لارڈ صاحب نے یہ بات ماہرین تعلیم کے ایک اجلاس کی صدارت کرتے ہوئے کہی تھی۔

جب عثمانیہ یونیورسٹی کے اردو ایم بی بی ایس ڈاکٹروں کی صلاحیت کا 1935ء میں، میڈیکل جنرل کونسل نے خوب جانچ پڑتال کے بعد جائزہ لیا تو رپورٹ دی؛" اگر میڈیکل کی تعلیم انگلستان، فرانس، جرمنی اور انگلینڈ و دیگر اپنی اپنی زبانوں میں دے سکتے ہیں تو بلا شبہ یہ اردو میں بھی ممکن ہے جیسا کہ اس یونیورسٹی کے فارغ التحصیل میڈیکل گریجویٹ ثابت کر چکے ہیں۔"

جان مولٹ سیکرٹری کونسل آف ایجوکیشن نے جب دہلی کالج کا معائنہ کیا تو تبصرہ کرتے ہوئے کہا تھا" یہاں جو اردو میں تعلیم دی جاتی ہے اس کا معیار قابل تعریف ہے۔" روس میں بہت پہلے روسی اردو لغت تیار کی جا چکی تھی جسے اے پی۔ بارانی کود، نے تالیف کیا اور اس کے بعد کئی تصانیف کی گئیں جن میں سے ایک میں انیسویں صدی کے اردو شعراء کے کلام کا جائزہ کیا گیا تھا۔

بین الاقوامی زبان

کشمیر کے نام پر نہ جانے کون کون اس قوم کا خون چوس رہا ہے؟ ہمارے ہاں اردو غلام ہے جبکہ دوسری جانب حقیقت یہ ہے کہ آزاد ملک کی یہ "غلام زبان" مقبوضہ کشمیر میں 1846ء سے رائج ہے۔ وہاں کی سرکاری زبان اور میٹرک تک ذریعہ تعلیم ہے۔ چین کی پیکنگ یونیورسٹی میں 1956ء سے اردو کا ڈگری کورس جاری ہے اور وہاں کے مشہور شاعر انتخاب عالم (چینی نام؛ چانگ شی شون) سے اہل علم و دانش بخوبی واقف ہیں۔ مشہور

عالم مصری مُغنیہ اُمِ کلثوم نے علامہ اقبال کے شکوہ اور جوابِ شکوہ کا منظوم عربی ترجمہ گا کر عالم عرب میں تہلکہ برپا کر دیا تھا۔

تاشقند یونیورسٹی میں اردو 1943ء سے پڑھائی جارہی ہے۔ تاجکستان میں بچے بچے کو کلام اقبال سے محبت ہے۔ ہر گھر میں ان کا اردو کلام موجود ہے۔ لہذا علامہ اقبال کا صد سالہ جشن ولادت وہاں دھوم دھام سے منایا گیا تھا۔ برما کا صوبہ اراکان اردو بولتا اور سمجھتا ہے وہاں اردو شناسوں کی کئی انجمنیں قائم ہیں۔ رحمٰن محمد جانوف ازبکستان کے اردو سکالر تھے۔ وسطی ایشیا کی ریاستوں کا ہر اردو جاننے والا ان کا شاگرد تھا۔ اس وجہ سے آپ پورے خطے میں "استاد جی" کے نام سے معروف تھے۔ اسی طرح ایک اردو دانشور تابش مرزا نے 1994ء میں اردو ازبک اور اردو روسی لغت تیار کی۔ "استاد جی" کی بیٹی سیارہ جو اب بھی اردو پڑھاتی ہیں، کو صدر پاکستان نے تمغہ حسنِ کارکردگی عطا کیا۔ اردو اور ازبکی زبان میں دس ہزار الفاظ مشترک ہیں۔ ترکی کی تین یونیورسٹیوں میں اردو کے شعبے موجود ہیں۔ بیس سے زیادہ ممالک کے قومی ریڈیو اردو میں باقاعدگی سے پروگرام نشر کرتے ہیں۔ اوساکا میں 1922ء اور ٹوکیو میں 1945ء سے اردو پڑھائی جارہی ہے۔ مصر کے طلباء پنجاب یونیورسٹی سے اُردو میں ایم اے اور پی ایچ ڈی کی ڈگریاں لے چکے ہیں۔

پیرس میں 1669ء میں "مدرسہ اشرافیہ" قائم ہوا۔ مشہور فرانسیسی مستشرق پروفیسر گارسین دتاسی وہیں پڑھے اور بعد میں اردو کے پروفیسر تعینات ہوئے۔ پوری زندگی اس "اپنے دیس میں پردیسی" زبان کے فروغ کے لئے وقف کر دی۔ ان کی اردو میں پانچ تصانیف اس کی عالمی حیثیت وصلاحیت کے بطورِ گواہ اب بھی موجود ہیں۔ کینیا میں 1963ء تک اردو پڑھائی جاتی رہی لیکن جونہی انگریز نکلے اور ملک آزاد ہوا تو ساتھ ہی اردو کو بیک بنی دو گوش باہر نکال دیا گیا۔ جنوبی افریقہ کی ڈبلن یونیورسٹی میں اب بھی بی

اے تک اردو پڑھائی جاتی ہے۔ ڈاکٹر ذاکر نائیک کے مشہور عالم استاد اور اسلامی مبلغ و مناظر جناب احمد دیدات کا تعلق بھی جنوبی افریقہ ہی سے تھا۔ جو بیک وقت اردو اور انگریزی کے شعلہ بیان خطیب تھے۔ یہ امر بھی قارئین کے لیے دلچسپی کا حامل ہو گا کہ امریکی، چینی، فرانسیسی، پرتگیزی اور اطالوی شعراء نے بھی اردو میں طبع آزمائی کی۔ فرانسیسی پروفیسر گارسین دتاسی نے ملک پاکستان میں در در کے دھکے کھانے والی اردو کو دنیا میں انتہائی ترقی یافتہ زبانوں میں شمار کیا۔ یہاں قابل غور یہ افسوسناک امر ہے کہ ہر بار جب اردو پر اپنے ہی حملہ آور ہوتے ہیں تو دلیل یہ دی جاتی ہے کہ اردو کا دامن تنگ ہے اور جدید علوم و فنون کے لئے ذریعہ تعلیم بننے کے قابل نہیں ہے۔ جن سے ہمارے دانشور اور اہل اقتدار عقل و دانش کی بھیک مانگتے ہیں نہ جانے ان کے دماغ کیوں اتنے چل گئے ہیں کہ صدیوں سے اس "زبانِ بے زبان" کے لئے رطب اللسان رہے۔

وُسعت و صلاحیت

ماضی میں انگریزی کبھی بھی سائنسی زبان نہیں رہی۔ 1500ء تک اس پر فرانسیسی کا غلبہ تھا۔ پھر لاطینی کا طلسم چھا گیا (جیسا کہ عثمانیہ یونیورسٹی کی کمیٹی میں گورے نے تذکرہ کیا) جب ان کے غلبہ سے نکلی تو بیکن اور نیوٹن جیسے سائنسدان پیدا ہوئے جنہوں نے ذاتی مشاہدے کو قومی زبان میں تحریر کیا اور اس کے بعد انگریز قوم میں بڑے بڑے سائنسدان پیدا ہونے لگے کیونکہ انہوں نے اپنی زبان میں سوچا اور اسی میں لکھا بھی۔ جہاں تک اردو کی وسعت و صلاحیت برائے ذریعہ تعلیم کا تعلق ہے تو اس پر ایک عالم گواہ ہے۔ دیگ میں صرف چند چاول پیشِ خدمت ہیں۔

یہ وہ زبان ہے جو قرآن اور آسمانی کتب کا ترجمہ کر سکتی ہے، مختلف علوم وفنون پر بحث کرنے کے قابل ہے۔ اس وقت عربی کے بعد سب سے زیادہ اسلامی کتب وجرائد اردو میں ہیں اور قرآن مجید کی ایک سو سے زیادہ تفاسیر موجود ہیں۔ مولانا مودودیؒ کی سو سے زیادہ کتب کا ترجمہ دنیا کی پچھتر زبانوں میں ہو چکا ہے۔ بلکہ تمام مسلمانوں میں سب سے زیادہ بولی اور پڑھی جانے والی زبان بھی اردو ہے۔ سر سید احمد خان اور علامہ اقبال کے جذبات کی مکمل اور بھرپور ترجمانی کے لائق ثابت ہو چکی ہے اور دنیا کی معروف بین الاقوامی زبانوں میں پیش کردہ افکار کو کامیابی سے اپنے اندر سمو سکتی ہے۔ سر راس مسعود (سرسید کے پوتے اور وائس چانسلر مسلم یونیورسٹی علی گڑھ) کے بقول "ہندوستان" جس نے انگریزی کو بطور ذریعہ تعلیم اپنا رکھا ہے۔ ایک ایسا لنگڑا اور اپاہج معلوم ہوتا ہے جو اللہ تعالیٰ کے دیئے ہوئے ہاتھ پاؤں (اپنی قومی زبان اردو) سے کام نہیں لیتا بلکہ وہ ان لکڑیوں کے سہارے اچھلتا ہے (انگریزی) جو یہاں سے چھ ہزار میل دور ایک ملک میں تیار ہوتی ہیں" اب سر تیج بہادر سپرو کی سنیئے۔ "میں کئی یونیورسٹیوں کا ممتحن ہوں۔ عثمانیہ یونیورسٹی جہاں اردو ذریعہ تعلیم ہے، کے پرچے دیکھ کر مجھے احساس ہوتا ہے کہ اس کے طلباء جو کچھ لکھتے ہیں سمجھ کر لکھتے ہیں جبکہ دوسرے صرف رٹا لگاتے اور یہی کچھ تحریر کرتے ہیں۔ "اس ضمن میں سابق وفاقی وزیر تعلیم ڈاکٹر افضل کے خیالات ملاحظہ ہوں۔ "اردو میڈیم میں پڑھے ہوئے طلباء کے نتائج انگلش میڈیم والوں سے بہتر ہوتے ہیں"۔ ڈاکٹر محمود عالم پاکستان کے نہایت مشہور ماہر امراض قلب تھے۔ انہوں نے میڈیکل سائنس پر متعدد کتب تحریر کیں۔ ان کی اردو کتب نہایت سادہ زبان میں ہیں اور معمولی پڑھے لکھے شخص کی سمجھ میں آنے والی ہیں۔ اس طرح پاکستان کے ایک سابق چیف جسٹس جناب شیخ انوار الحق کے مطابق: "بیسویں صدی کے آغاز تک اسسٹنٹ سرجن کلاس کی تدریس

انگریزی کے ساتھ ساتھ اردو میں بھی ہوتی رہی ہے۔ میڈیکل کی متعدد کتب کا ترجمہ اردو میں کیا گیا جو اب تک پرانی لائبریریوں میں موجود ہیں۔" دیکھئے مقتدرہ قومی زبان کے سابق صدر نشیں اور ممتاز ماہر تعلیم ڈاکٹر جمیل جالبی جو بطور وائس چانسلر بھی خدمات انجام دیتے رہے ہیں کیا فرماتے ہیں؛" ایک زبان کی حیثیت سے اردو میں ساری صلاحیتیں موجود ہیں جو ذریعہ تعلیم کے لئے لازم ہوتی ہیں" ڈاکٹر غلام السیدین، علی گڑھ یونیورسٹی کے ٹریننگ کالج کے پرنسپل تھے اور بعد میں ریاست جموں کشمیر کے ڈائریکٹر تعلیمات بھی رہے۔ انکے بقول" ایک اوسط طالب علم کے لیے یہ بہت مشکل ہے کہ وہ کسی مضمون کا مطالعہ ایک غیر زبان میں کرے۔ طلباء کی آدھی توجہ الفاظ پر ہوتی ہے اور آدھی مطلب پر۔ اس طرح بہت سا وقت اور محنت ضائع ہو جاتی ہے"۔ اب دیکھئے پنجاب یونیورسٹی کے ایک نہایت معروف وائس چانسلر اور مولانا ظفر علی خان کے بھائی پروفیسر حمید احمد خاں کا عمر بھر کا تجربہ کیا کہتا ہے۔" میں نے انگریزی زبان کی تدریس و تحقیق میں عمر کا بڑا حصہ صرف کیا ہے اور میری معاش بھی اسی سے وابستہ ہے۔ لیکن سچ پوچھیں تو پاکستان میں جتنا جلد اردو کو ذریعہ تعلیم بنا دیا جائے، ہمارے لئے اتنا ہی بہتر ہے۔"

جب کسی زبان میں انسائیکلوپیڈیا طبع ہونے لگیں تو اسے ایک بین الاقوامی سطح کی زبان گردانا جاتا ہے۔ اس وقت 28 سے زیادہ اردو انسائیکلوپیڈیا لائبریریوں میں موجود ہیں جن میں سے کئی کی ضخامت 15 جلدوں سے لے کر 23 جلدوں تک ہے۔ دوسری طرف اردو لغات کے معاملے پر غور کریں۔ 1996ء تک 669 لغات طبع ہو کر مارکیٹ میں آچکی تھیں۔ پاکستان میں اردو کی کارگزاری بحیثیت کامیاب ذریعہ تعلیم کے لیے بابائے اردو کے قائم کردہ اردو کالج اور اردو سائنس کالج کراچی کی مثالیں موجود ہیں (جو اب اردو یونیورسٹی کا درجہ حاصل کر چکے ہیں)۔ جہاں 1969ء سے تمام مضامین ہماری

قومی زبان میں پڑھائے جا رہے ہیں اور اچھی خاصی تعداد میں کتب تصنیف کی جا چکی ہیں۔ اردو زبان میں انگریزی کے ایک ایک لفظ کے مقابلے میں تین تین لفظ موجود ہیں۔ کوئی سوچ، کوئی خیال اور کوئی نظریہ ایسا نہیں جو اس زبان میں ادا نہ کیا جا سکے۔ قومی اردو۔ انگریزی لغت دو لاکھ الفاظ پر مشتمل ہے۔ یہ لغت دنیا میں کسی بھی موضوع پر انگریزی زبان کے مترادفات فراہم کرتی ہے اور دو سو سے زیادہ سائنسی علوم و فنون کا احاطہ کرتی ہے۔ علامہ اقبال کے اردو میں افکار عالیہ کا ترجمہ دنیا کی تمام قابل ذکر زبانوں میں ہو چکا ہے۔ یونیسکو کی ایک رپورٹ کے مطابق اردو دنیا کی دوسری بڑی زبان ہے جبکہ اول نمبر پر چینی ہے۔ چینی زبان چونکہ صرف ایک ہی ملک اور دنیا کے محدود خطہ میں بولی اور سمجھی جاتی ہے۔ لہذا مجموعی طور پر عالمی سطح دیکھا جائے تو اردو اس وقت سب سے بڑی زبان ہے۔ ہمارے انگریزی کے دلدادہ افسران بالا اور کارپردازانِ حکومت ملکی ماہرین کی آراء کو تو شاید زیادہ اہمیت نہ دیتے ہوں گے لیکن انہیں کم از کم ایک غیر جانبدار غیر ملکی اور مشہور ماہر لسانیات نیپال کے آنند راج اُپادھیائے کی رائے پر تو دھیان دینا چاہیے۔ وہ کہتے ہیں "اپنے پس منظر اور الفاظ و معانی کے اعتبار سے اردو زبان بہت امیر ہے۔ اس کی گہرائی اور گیرائی سمندر جیسی ہے "ذریعہ تعلیم اور سرکاری زبان کے حوالے سے اٹلی کے ماہر لسانیات ماؤریسی۔ اوکی رائے میں "اردو دنیا کی واحد زبان ہے جسے پوری دنیا میں رائج کیا جا سکتا ہے۔ کیونکہ دنیا کی مقبول ترین زبانیں ادھوری ہیں"۔ جادو وہ جو سر چڑھ کر بولے، کے مترادف ایک اور اعترافِ حقیقت ملاحظہ کریں۔ لاہور میں اردو اساتذہ کی ایک ایجوکیشن کانفرنس کا انعقاد ہوا۔ اس کے اختتام پر برٹش ہائی کمشنر نے ایک پریس ریلیز جاری کی جس کے الفاظ یہ تھے۔ 2020ء "تک اردو دنیا کی مقبول ترین زبان بن جائے گی۔" البتہ جہاں تک بات ہماری سرکاری اردو پالیسیوں کا تعلق ہے تو اس کے

سوا اور کیا کہا جا سکتا ہے۔

دل کے پھپھولے جل اٹھے سینے کے داغ سے
اس گھر کو آگ لگ گئی گھر کے چراغ سے

موجودہ سرکاری پالیسیوں کے تناظر میں، شریف برادران اور ان کے حواریوں کے محسن، سابق صدر جنرل ضیاء الحق کے ایک بیان کا یہ اقتباس بھی نہایت قابل غور ہے ؛" قومی زبان کی حیثیت مسلمہ ہے اس لئے درس و تدریس کو اردو میں ہی اپنانا چاہیے۔" اسی طرح موجودہ وزیر اعلیٰ پنجاب کے ایک مسلم لیگی پیشرو غلام حیدر وائیں (مرحوم) نے بھی کئی بار دو ٹوک الفاظ میں یہی رائے دی، احکامات بھی جاری کئے لیکن وہ ہی وقت کی رو میں بہہ گئے۔ کسی شاعر نے کیا خوب کہا تھا۔

غیر ممکن ہے کہ حالات کی گتھی سلجھے
"اہلِ دانش" نے بہت سوچ کے الجھائی ہے۔

اردو کی مندرجہ بالا خوبیوں اور قرار واقعی استحقاق کی بناء پر نامور ادیب اور دانشور ڈاکٹر سید عبد اللہ، سابق پرنسپل اور نٹیل کالج نے دورانِ حیات (ایک ہی موقع پر) پچاس لاکھ پاکستانیوں کے دستخطوں پر مشتمل محضر نامہ، اس وقت کے صدرِ مملکت کی خدمت میں پیش کیا کہ اس "مظلوم" پر مشق ستم کا سلسلہ اب ختم ہونا چاہیے۔ یونیسکو کی ایک رپورٹ کے مطابق اگر کسی زبان میں تین سے چار لاکھ تک اصطلاحات کا ذخیرہ موجود ہو تو وہ بڑے اعتماد کے ساتھ ہر قسم کے علوم و فنون کا ذریعہ تعلیم بن سکتی ہے جبکہ اردو میں ایسی ساڑھے تین لاکھ اصطلاحات کئی سال پیشتر تک وجود میں آ چکی تھیں۔ اسی طرح، تنگ دامانی کا طعنہ سننے والی ہماری قابل فخر قومی زبان میں 250 سے زائد سائنسی وسماجی علوم کے لئے اصطلاحات کا جامع ذخیرہ موجود ہے۔

بین الاقوامی اُفق اور کمپیوٹر ٹیکنالوجی کی طرف نظر اٹھائیں تو ہم دیکھتے ہیں کہ امریکی ماہر لسانیات ڈونالڈ بیکر نے ذاتی استعمال کے لیے "خوشنویس" کے نام سے سافٹ وئیر ایجاد کی جس پر کئی کتب شائع ہو چکی ہیں۔ اردو کی جدید ترین علوم وفنون کو اپنے اندر بہ طریق احسن سمونے کی صلاحیت کا اندازہ اس امر سے بھی بخوبی لگایا جاسکتا ہے کہ جونہی دفتری وطباعتی کاموں کے لئے کمپیوٹر زیر استعمال آیا تو تھوڑے ہی عرصہ میں کراچی میں "نوری نستعلیق" اور "نظامی نستعلیق" کے ناموں سے سافٹ ویئر ایجاد کر لئے گئے اور کاتبو ں کا کام حیرت انگیز طور پر، کمپیوٹروں نے شروع کر دیا۔ جبکہ اس وقت ایسے لاتعداد سافٹ ویئر بخوبی کام کر رہے ہیں۔ اس موقعہ پر یہ بات بلاخوف وتردید کہی جاسکتی ہے کہ پاکستانی قوم اور اس کی قومی زبان اردو کی صلاحیتوں کی کوئی انتہا نہیں ہے لیکن استعمار کے ایجنٹوں نے ان دونوں کو پابجولاں کرر کھا ہے۔ بقول احمد ندیم قاسمی؛

حسن تخلیق کی دھرتی میں جڑیں کیا پھیلیں
تم نے انسان کو گملوں میں سجار کھا ہے

یہاں انسانوں کو تو خیر گملوں میں سجائے رکھا ہی گیا جبکہ پنجاب میں بیچاری اردو کو اب گملوں سے نکال پھینکنے کے احکامات صادر ہو چکے ہیں۔ اس تناظر میں قابل صد افسوس بات یہ ہے کہ 1851ء میں ایڈمنسٹریٹو بورڈ حکومت پنجاب کا اجلاس برائے انتخاب ذریعہ تعلیم ہوا تو سرکار انگریز نے تو یہ فیصلہ کیا کہ متحدہ پنجاب کے تمام سکولوں میں تعلیم بذریعہ زبان اردو ہی دی جائے اور اب اسلامی جمہوریہ پاکستان کے سب سے بڑے صوبے میں یہ بچوں کے لیے ذریعہ تعلیم کے قابل نہیں رہی۔ "ناطقہ سر بہ گریباں ہے اسے کیا کہیے؛" یہاں یہ بات بھی پیش نظر رہے کہ آزادی کے فوراً بعد جب 1948ء میں پنجاب یونیورسٹی انکوائری کمیٹی نے ذریعہ تعلیم کے سوال پر دوبارہ غور خوض کیا اور ہر طرح سے

اس مسئلے کا جائزہ لیا تو قرار دیا کہ اردو انٹرمیڈیٹ تک ذریعہ تعلیم ہو گی۔

قومی ماہرین تعلیم کا فیصلہ

اب دیکھئے کہ ملت پاکستان کے قومی رہنماؤں اور ماہرین تعلیم نے ذریعہ تعلیم کے مسئلے پر کن آراء کا اظہار کیا ہے۔ ڈاکٹر جمیل جالبی فرماتے ہیں ؛"عوام کی 99 فیصد اکثریت جو قوم کی اصل قوت ہے اردو کے حق میں ہے صرف ایک فیصد اقلیت انگریزی جانتی ہے۔" جسٹس (ریٹائرڈ) شیخ انوار الحق کی رائے میں 60 فیصد طالب علم انگریزی میں فیل ہو جاتے ہیں لہٰذا انہیں ناکام قرار دے دیا جاتا ہے۔ ایک اور موقع پر ڈاکٹر سید عبداللہ مرحوم نے بھی یہی بات دہرائی تھی۔ جسٹس ذکی الدین پال اس سے بھی آگے بڑھ کر حقیقت کی نقاب کشائی کرتے ہیں۔"طلبہ کی اکثریت انگریزی میں فیل ہونے کے سبب ناکام قرار دی جاتی ہے جبکہ وہ دوسرے مضامین میں اچھے نمبر لے رہے ہوتے ہیں۔ آخر اس قتل عام کا کون ذمہ دار ہے " وہ مزید کہتے ہیں" یہ غلط تعلیمی پالیسی کا شاخسانہ ہے جس کی بناء پر اردو کو اپنا مقام نہیں دیا جا رہا۔ جب تک ایک غیر ملکی زبان کو بالا دستی حاصل ہے ہم ذہنی طور پر غلام ہی رہیں گے۔ میں قانون کے امتحانات کا کئی سال تک ممتحن رہا ہوں۔ طلبہ انگریزی میں مافی الضمیر بیان نہیں کر سکتے۔ ایسا محسوس ہوتا ہے کہ طالب علم نفس مضمون کو تو جانتا ہے لیکن اسے انگریزی میں ادا کرنے سے قاصر ہے۔ اس بناء پر کئی طلبہ فیل ہو جاتے ہیں۔"مشہور ادیب عبدالسلام خورشید (مرحوم) تحریک پاکستان کے دوران مسلم سٹوڈنٹس فیڈریشن پنجاب کے صدر بھی تھے۔ پاکستان بننے کے بعد اردو کے ساتھ سوتیلی ماں بلکہ ایک لونڈی کا سا جو سلوک روا رکھا گیا اس پر ان کا تبصرہ

ابھی ایک کر بناک صورت حال کی طرف اشارہ کرتا ہے "ہماری قیادت کی یہ غلطی تھی کہ آزادی کے ساتھ ہی انگریزوں کی چال میں آ گئی۔ انگریزی کے تسلسل سے جو بیوروکریسی وجود میں آ گئی اس نے نسلاً بعد نسلاً اپنی چودھراہٹ بر قرار رکھنے کے لیے اردو کو کبھی قریب نہ آنے دیا اور شوشہ یہ چھوڑا کہ اردو میں صلاحیت کا فقدان ہے۔ لہٰذا یہ نہ تو سرکاری زبان بن سکتی ہے اور اپنی بے سروسامانی کے سبب ذریعہ تعلیم بننے کے قابل بھی نہیں ہے۔"

پروفیسر اسماعیل بھٹی شعبہ انگریزی پنجاب یونیورسٹی کے سربراہ رہ چکے ہیں لہٰذا ذریعہ تعلیم کے مسئلہ پر ان کی رائے کو نظر انداز کرنا قطعاً قرین انصاف نہیں۔ ان کی سوچ اور گہرے تجربہ کے مطابق؛ "جب ہم انگریزی کو غیر معمولی تقدس دیتے ہیں تو اس وقت اس کے تہذیبی اور ذہنی اثرات کو فراموش کر جاتے ہیں۔ دوسرے یہ کتنی مضحکہ خیز بات ہے کہ ممتحنوں سے کہا جاتا ہے کہ وہ نرمی برتیں ورنہ 90 فیصد طلباء فیل ہو جائیں گے۔ پہلی کوشش میں تقریباً 15 فیصد طلباء ہی پاس ہوتے ہیں۔ ہمارے گریجویٹ خصوصی مضامین کو ایک غیر زبان میں پڑھنے کی وجہ سے ان پر عبور حاصل نہیں کر سکتے اور یوں ان میں تحقیقی اور تخلیقی صلاحیتیں پیدا ہی نہیں ہو پاتیں۔ لہٰذا ایسی انگریزی تدریس ہمارے مالی اور افرادی وسائل کا ضیاع ہے۔" اب ذرا غور فرمائیے کہ ایک طرف مندرجہ بالا چیختے چلاتے حقائق ہیں اور دوسری طرف 1994ء میں انگریزی کو جماعت اول سے لازمی مضمون کے طور پر پڑھانے کے لیے صوبہ پنجاب میں ایک ارب پینتالیس کروڑ روپے کا بجٹ رکھا گیا جبکہ اس سال ملک چھ کھرب نوے کروڑ روپے کا مقروض تھا۔ سائنٹفک سوسائٹی پاکستان، علی گڑھ میں سر سید کی قائم کردہ تنظیم کی جانشین ہے۔ قیام پاکستان سے لے کر حالیہ برسوں تک وہ سالانہ اردو سائنس کانفرنس کراتی رہی ہے جن

میں اعلیٰ تعلیمی اداروں، یونیورسٹیوں اور سائنسی تحقیقی اداروں کے نمایاں ترین ماہرین تعلیم اور عملی تحقیق کرنے والے سائنسدان شریک ہوتے رہے ہیں۔ اس دوران سائنسی اور تحقیقی کام پر مشتمل مقالات مکمل طور پر اردو میں پیش کئے جاتے اور ان پر کھل کر بحث و تمحیص ہوتی رہتی۔ ہر سال آخری اجلاس میں یہ قرار داد منظور کی جاتی کہ ملک کے اعلیٰ تعلیمی اداروں میں اردو کو ذریعہ تعلیم قرار دیا جائے۔ ان کے علاوہ بھی ملک میں وقتاً فوقتاً اردو کی حمایت میں کانفرنسیں اور سیمینار منعقد ہوتے رہے جن میں درج ذیل معروف شرکاء کے چند نمایاں نام لیناہی اردو کی اہمیت اور صلاحیت کے لیے کافی ہے۔

بابائے اردو مولوی عبدالحق۔ خواجہ ناظم الدین(سابق گورنر جنرل متحدہ پاکستان)،ڈاکٹر سید عبداللہ(سابق پرنسپل اورنٹیل کالج)، سردار عبدالرب نشتر(سابق گورنر پنجاب)، قاضی عیسیٰ (بلوچستان کے نامور مسلم لیگ رہنما)،پاکستان کی تمام یونیورسٹیوں کے وائس چانسلر اور سنیئر پروفیسر اور اکثر وزرائے تعلیم، اختر حسین(سابق گورنر مغربی پاکستان) ،چوہدری محمد علی(سابق وزیر اعظم پاکستان)، ڈاکٹر انور حسین(پاکستان اٹامک انرجی کمیشن)، اور لاتعداد جسٹس صاحبان بشمول جسٹس سجاد احمد جان، جسٹس انوار الحق، جسٹس ذکی الدین پال،ڈاکٹر مظہر ڈین فیکلٹی آف سائنس ڈھاکہ یونیورسٹی، ملک معراج خالد (سابق نگران وزیر اعظم و سپیکر قومی اسمبلی)،ڈاکٹر صلاح الدین احمد مرحوم (نامور ادیب)، مختار مسعود (سیکرٹری مرکزی حکومت و نامور اردو انشاء پرداز)، حنیف خاں (سابق سپیکر سرحد اسمبلی)، حکیم محمد سعید(ہمدرد)، یوسف عبداللہ ہارون (سابق گورنر مغربی پاکستان)، حفیظ جالندھری، جسٹس شمیم حسین قادری، صلاح الدین (ایڈیٹر جسارت)، راجہ ظفر الحق(سابق وفاقی وزیر اور مسلم لیگ ن کے سنیئر نائب صدر)، نواب ذوالفقار ممدوٹ (ممتاز سیاسی رہنما)، ڈاکٹر وحید قریشی(سابق

پرنسپل اورنٹیئل کالج) اور قاضی حسین احمد۔

قائد اعظمؒ اور اردو

ہمارے سیاسی رہنما اٹھتے اور بیٹھتے ہر وقت قائد اعظمؒ کے نام کی مالا جپتے ہیں۔ ان کے یوم پیدائش اور یوم وفات پر بیان داغنا ضروری خیال کرتے ہیں اور خاص کر مسلم لیگ تو ان کی اصلی وارث کی رٹ لگاتے لگاتے کئی حصوں میں بٹ بھی جاتی ہے۔ تو ہر دھڑا قائد کا اصلی وارث کہلانے پر اصرار کرتا ہے۔ اب غور کیجئے کہ تحریک پاکستان کے دوران اور اس کے بعد قائد اعظمؒ کا اردو کے نفاذ کے بارے میں کیا موقف تھا اور ان سے قبل متحدہ ہندوستان کے لیگی رہنما اردو کے لیے کس قدر جدوجہد کرتے رہے، سچی بات تو یہ ہے کہ اردو ہندی تنازعہ 1850ء سے ہی شروع ہو گیا تھا۔ لہٰذا نظریہ پاکستان نے بلا شبہ اسی کی کوکھ سے جنم لیا اور یہی وہ زبان ہے جس نے پاکستان کی عمارت کی پہلی اینٹ کا کام دیا۔ کیونکہ 1906ء میں مسلم رہنماؤں نے وائسرائے ہند سے اردو کے تحفظ کا مطالبہ کیا تھا۔ 1938ء میں قائد اعظم محمد علی جناحؒ نے پنڈت جواہر لال نہرو کے ایک استفسار پر جواب دیا۔ "مسلمانوں کا ایک اور مطالبہ زبان اور رسم الخط کے بارے میں ہے۔ اردو ہماری عملاً قومی زبان ہے۔ ہم آئینی ضمانت چاہتے ہیں کہ اردو کے دامن کو کسی طریقہ سے متاثر نہ کیا جائے اور نہ تباہ۔" کاش روح قائد اعظم کو اس کے نام لیوا بے پناہ اذیت کا شکار نہ کرتے کہ جس اردو کو سرفہرست رکھ کر وہ ایک ہندو لیڈر سے دوٹوک بات کر رہے تھے، اس کے جانشین اسے اپنے ایوانوں کے بعد پرائمری سکولوں تک سے بھی باہر نکال رہے ہیں۔

جب کانگریس نے "ہندی ہندوستانی" کی مہم چلائی تو قائدِ اعظم نے اس چال کا توڑ کرتے ہوئے 1935ء میں واضح طور پر اعلان کیا "ہمیں معلوم ہے کہ اس سکیم کا اصل مقصد اردو کا گلا دبانا ہے" یہاں پر مولانا اشرف علی تھانویؒ کے فتویٰ کا ذکر کر دینا بھی خالی از دلچسپی نہیں جس کے تحت آپؒ نے فرمایا" اس وقت اردو کی حفاظت دین کی حفاظت ہے، اس کی حفاظت کرنا مسلمانوں پر واجب ہے۔ لہٰذا قدرت کے باوجود اس سلسلے میں غفلت اور سستی کا مظاہرہ کرنا موجبِ گناہ ہو گا جس کا آخرت میں مواخذہ کیا جائے گا" قائدِ اعظم نے ایک دفعہ علی گڑھ یونیورسٹی میں تقریر کے دوران 1941ء میں کانگریس کو مخاطب کرتے ہوئے اپنے اور ملّتِ اسلامیہ ہند کے عزمِ صمیم کا یوں اظہار کیا" مجھے پاکستان میں اسلامی تاریخ کی روشنی میں اور اپنی ثقافت نیز روایات کے تحت اور اپنی اردو زبان کو برقرار رکھتے ہوئے زندگی گذارنے دو" اسی طرح ایک بار جب سر فیروز خان نون (سابق وزیر اعظم پاکستان) آل انڈیا مسلم لیگ کونسل کے اجلاس منعقدہ 1946 میں بزبان انگریزی تقریر کرنے لگے تو آپؒ نے فیصلہ دیا" پاکستان کی سرکاری زبان اردو ہو گی" کیا اس حقیقت سے کوئی شخص انکار کر سکتا ہے کہ پوری تحریکِ پاکستان کے دوران ہر قابلِ ذکر مقام پر قائدِ اعظمؒ نے اپنی نامشقی کے باوجود اردو میں ہی تقاریر کیں بلکہ ایک بار کہیں تقریر کے بعد اپنے ہمراہی قائدین کی محفل میں فرمانے لگے کہ "میری اردو تو ٹانگے والوں جیسی ہے" ذرا غور کیجئے کہ اس نگہ بلند اور جاں پر سوز رہنمائے یگانہ کی بصیرت زیادہ تھی یا آج کے بونے لیڈروں کی جو نام نہاد ترقی کی بنیاد اور خالی خولی نعروں پر قائد کے واضح فرامین کی بڑی ہٹ دھرمی کے ساتھ عملی مخالفت کر رہے ہیں۔

1948ء میں جب بنگلہ دیش کے بابائے قوم اور اس وقت کے طالب علم رہنما شیخ مجیب الرحمٰن نے کچھ دیگر علیحدگی پسند عناصر کے ساتھ بنگالی زبان کی شورش برپا کی تو قائدِ

اعظمؒ نحیف و نزار تھے۔ دوسری طرف حکومتِ پاکستان کے پاس صرف دو کوٹہ طیارہ تھا جو کلکتہ ائرپورٹ سے تیل بھروائے بغیر ڈھاکہ نہیں جا سکتا تھا لیکن آپ کلکتہ ائرپورٹ اترنا پسند نہیں کرتے تھے۔ ان کی اردو بلکہ پاکستان کی وساطت سے اسلام سے کس قدر گہری وابستگی بلکہ شیفتگی تھی کہ جان جوکھوں میں ڈال کر ڈھاکہ جانے کا قصد کیا۔ جہاز کی مشین میں گنجائش سے زیادہ تیل ڈلوایا اور عازمِ سفر ہو گئے۔ ڈھاکہ پہنچنے پر دوٹوک الفاظ میں اعلان فرمایا کہ "پاکستان کی قومی اور سرکاری زبان اردو ہی ہو گی"

قومی غیرت اور تشخص

پاکستانی یا اسلامی تناظر تو ہمارا اوڑھنا بچھونا ہے ہی لیکن ہمارے کچھ ترقی پسند دانشوروں، لاعلم سیاسی رہنماؤں اور نام نہاد ماہرینِ تعلیم کی تشفّی کے لیے عالمی سطح پر معاملات کو زیرِ غور لانا زیادہ قرینِ مصلحت ہو گا۔ ایک دفعہ آئرلینڈ کے ایک پادری نے، جو ایک کالج کے پرنسپل بھی تھے، بابائے اردو مولوی عبدالحق (مرحوم) سے کہا "اپنی زبان کی بہت تن دہی سے حفاظت کرنا کیونکہ فاتح قوم سب سے پہلے مفتوح قوم کی زبان کو مٹاتی ہے۔ کسی قوم کی زندگی اور روح اس کی زبان ہوتی ہے۔ ہمیں اس امر کا تجربہ ہے کہ ہمارے ملک میں بھی یہی کیا گیا"۔ چواین لائی جب پہلی بار پاکستان آئے تو پریس کانفرنس کرتے وقت ترجمان نے ان کے کسی جملے کا غلط ترجمہ کر دیا۔ فوراً انگریزی میں اسے کہا کہ اس کا مطلب یوں نہیں ہے اور پھر کافی دیر تک خوبصورت انگریزی بولنے کے بعد چینی میں گفتگو شروع کر دی۔ جب 1949ء میں چین میں انقلاب آیا تو اس وقت وہاں انگریزی رائج تھی اور لاتعداد مشن سکول اور کالج موجود تھے۔ چین کا ٹیکنالوجی کے لحاظ

سے یہ حال تھا کہ وہ کئی سال تک لاہور کی بیکو فیکٹری سے برقی کھڈیاں اور دیگر ساز و سامان منگواتے رہے لیکن آزاد ہوتے ہی موزے تنگ نے اعلان کیا" چینی بچے چینی زبان میں چینی اساتذہ سے ہی جملہ علوم و فنون کی تعلیم پائیں گے۔" چینی اساتذہ پر زور دینے کا پسِ منظر یہ ہے کہ ان کے بعض ساتھیوں نے تجویز دی تھی کہ ہم ابھی تدریسی لحاظ سے پسماندہ ہیں لہٰذا مشنری اداروں کے اساتذہ چینی اور انگریزی دونوں جانتے ہیں، کو بطورِ اساتذہ بھرتی کرلیتے ہیں۔ جس پر اس تجویز کو قبول کرنا گوارانہ کیا گیا۔

فرانس میں اپنی زبان کے سوا انگریزی کا کوئی لفظ جملے میں اگر بولتا ہے یا لکھتا ہے جس کا فرانسیسی میں متبادل موجود ہو تو اسے جرمانہ کیا جاتا ہے اور اس پر باقاعدہ قانون سازی کی گئی۔ لہٰذا وہاں "برگر" اور "کوکا کولا" جیسے الفاظ تک پر پابندی ہے۔ اسرائیل 120 اقوام کے افراد پر مشتمل ہے اور یہ وہ قوم ہے جو اڑھائی ہزار سال تک پوری دنیا میں دھکے کھاتی رہی۔ ان حالات میں ان کی قومی زبان عبرانی کا کیا حال ہو چکا ہوگا؟ لیکن 1948ء میں جونہی اسرائیل وجود میں آیا ہر درجے پر عبرانی کو رائج کر دیا گیا۔ ایک موقع ایسا بھی آیا کہ بچوں کو موسیقی اور کھیلوں کی تعلیم و تربیت کا سلسلہ انگریزی میں شروع کیا گیا تو اسرائیلی عبرانی اکیڈمی نے اس کا فوراً نوٹس لیا اور یہاں تک کہا کہ "یہ منصوبہ کفر سے کم نہیں"۔ یہ ایک دلچسپ امر ہے کہ اس وقت قارئین کو اردو کے حق میں مولانا تھانویؒ کے فتوے کے پیچھے "مولویانہ انداز" کی بجائے دلیل کی قوّت نظر آرہی ہوگی۔ کیونکہ غیروں کی زبان کسی قوم کے روحانی، اخلاقی اور تہذیبی نظاموں کی تباہی کرتے ہوئے اس کے جسمانی تار پود بکھیرنے کا بھی باعث ہوتی ہے۔ بلاشبہ ہر قوم کی اپنی ثقافت ہوتی ہے جس کی اوّلین پہچان اس کی زبان ہوتی ہے۔ زندہ قومیں اپنی مردہ زبانوں کو دوبارہ زندگی دے کر جاوداں کرلیتی ہیں۔ یونانی زبان ایک مردہ زبان تھی جس کی جگہ مکمل طور پر

لاطینی لے چکی تھی لیکن اہلِ یونان نے اسے حیاتِ نو بخشی اور خود بھی زندہ ہو گئے۔ اس سلسلے میں اسرائیل اور عبرانی کی مثال تو اس وقت سامنے ہے ہی۔ اسی طرح بھارت میں سنسکرت صرف ہندو دھرم تک محدود ہو چکی تھی لیکن جب ہندو نے آزادی حاصل کی تو فوراً اس کی تعلیم لازمی قرار دے دی جبکہ دوسری طرف پاکستانی قوم کے دورِ حاضر تک کے حکمران اپنی زندہ و پائندہ زبان کو ہر آن چرکے ہی لگاتے رہے ہیں اور شاید اب آخری وار کی تیاری ہے جس کا آغاز ہو چکا۔

1945ء میں شکست خوردہ شہنشاہ ہیر وہیٹو اور امریکن جنرل میک آرتھر آمنے سامنے بیٹھے امریکہ جاپان تعلقاتِ کار کا فیصلہ کر رہے تھے تو شہنشاہ نے صرف ایک شرط پیش کی "میرے نظامِ تعلیم اور جاپانی زبان کو نہ چھیڑنا" تباہی کے باوجود اسی تشخّص کے بَل پر جاپان ابھرا اور چند سالوں میں دنیا کا "معاشی عفریت" بن گیا۔ احقر نے جاپان میں قیام کے دوران خود ملاحظہ کیا کہ پورے ٹوکیو میں دو دو کانوں کے سوا کسی پر جاپانی کے ساتھ انگریزی میں سائن بورڈ نہ تھے جبکہ ہمارے ہاں ڈرائیوروں کی اکثریت ان پڑھ ہے اور شاہراہوں پر انگریزی میں ٹریفک اشارات لگے نظر آتے ہیں۔ ایک فارسی شاعر نے کیا خوب کہا تھا:

ہمہ آہووانِ صحرا سَر خودِ نہادہ بَر کَف بہ امیدِ آں کہ روزے بہ شکار خواہی آمد

ترجمہ! صحرا کے تمام ہرن اپنی ہتھیلیوں پر سر رکھے روزانہ آیا کرتے ہیں کہ شاید کسی روز تو ان کے شکار کو آجائے۔ لگتا ہے کہ ہمارے اربابِ اختیار نے بھی یہ سارا اہتمام اسی لیے کر رکھا ہے کہ شاید کوئی گورا گزرے تو اُسے لسانی مشقت کا سامنا نہ کرنا پڑے۔

بابائے اردو کو متذکرہ بالا ایک عیسائی مشنری کی نصیحت کی وضاحت درج بالا مثالوں سے خوب ہو گئی ہو گی۔ مزید دیکھئے! جب روسی ترکستان (موجودہ کرغیزستان، تاجکستان،

قاقستان وغیرہ) پر کمیونسٹوں نے قبضہ کیا تو ان کی زبان ترکی وفارسی تھی جسے بدل کر فوراً روسی کر دیا اور لاطینی رسم الخط اپنانے کا حکم دیا۔ ادھر جب مصطفیٰ کمال پاشا نے نام نہاد ترقی کا سفر شروع کیا تو ترکی میں عربی رسم الخط کو بدل کر لاطینی کر دیا۔ اس پر روسیوں نے فوری طور پر (متذکرہ علاقوں میں) لاطینی رسم الخط کو ترک کرنے کے احکامات جاری کر کے روسی رسم الخط کا اجراء کر دیا یعنی روسیوں نے رسم الخط تک کا مشترک ہونا گوارا نہ کیا تا کہ ترکی کے ترکوں اور ان کے غلام ترکوں کے درمیان یہ کمزور ترین واسطہ بھی نہ رہے۔ اسی طرح سابق بلغاریہ پر روسی قبضہ کے وقت وہاں پندرہ لاکھ کے قریب مسلمان تھے۔ کمیونسٹوں نے آتے ہی ان کی زبان پر مکمل پابندی عائد کر دی۔ یہاں تک کہ بازاروں میں بول چال کو بھی جُرم قرار دے دیا گیا۔ اگر کوئی شخص گھر سے باہر ایک لفظ بھی بولتا اور پکڑا جاتا تو اسے باقاعدہ سزا دی جاتی تھی۔ گذشتہ صدی میں فرانس کے مردِ آہن جنرل ڈیگال کئی سالوں تک برطانیہ میں مقیم رہے لیکن تمام ملکی اور بین الاقوامی کانفرنسوں میں ہمیشہ فرانسیسی میں تقریر کیا کرتے تھے۔ یہ مقام گہرے غور و فکر کا متقاضی اور ایک المیہ سے کم نہیں کہ پورا یورپ گھوم جایئے کہیں بھی انگریزی کو اس قدر پذیرائی حاصل نہیں جو پاکستان میں ہے اور آئے روز اس میں اضافہ ہوتا جا رہا ہے۔

ٹیکنالوجی کا بہانہ

منجملہ دیگر کے، ایک بہت بڑی دلیل یہ بھی دی جاتی ہے کہ انگریزی میڈیم ترقی کا زینہ ہے، ٹیکنالوجی کے حصول کا ذریعہ ہے اور پسماندگی دور کرنے کا امرت دھارا، یہاں سوال یہ پیدا ہوتا ہے کہ کیا مغرب میں فرانس اور جرمنی جبکہ تقریباً پورا یورپ پسماندہ

ہے ؟اگر وہ اپنی زبانوں میں تدریس و تحقیق کر رہے ہیں تو کیا ترقی کی دوڑ میں پیچھے رہ گئے ہیں ؟اسی طرح مشرق میں جاپان، چین اور کوریا کی ترقی کیا انگریزی کے مرہون منت ہے ؟کوریا ساٹھ کی دھائی میں پاکستان کے پانچ سالہ منصوبوں سے استفادہ کے لئے ان کی نقول لے کر جایا کرتا تھا کیا اس نے ٹیکنالوجی کے میدان میں آگے بڑھنے کیلیے انگریزی اور انگریزی ذریعہ تعلیم کا امرت دھارا استعمال کیا ہے ؟ دوسرے پہلو سے دیکھیں تو روس سے ہم نے سٹیل مل کی ٹیکنالوجی لی، کوریا کے میزائل سسٹم سے استفادہ کیا، چین نے ٹیکسلا میں سول اور فوجی اہمیت کے کئی کارخانے لگا کر دیئے اور اب ائیر فورس کے لئے "تھنڈر" جہاز کی تیاری میں تعاون کر رہا ہے۔ مزید بر آں فرانس نے کامرہ کمپلیکس میں ہوائی جہازوں اور دیگر نہایت اہم شعبوں میں تعاون کیا۔ سوچیئے تو سہی !کیا یہ ساری ٹیکنالوجی بزبان انگریزی آ رہی ہے ؟اور کیا اس کی ترقی و نشوونما ان ممالک میں انگریزی پڑھ پڑھ کر بلکہ "رٹ رٹ" کر پایہ تکمیل کو پہنچی ہے ؟ قرآن مجید میں دلائل کے بعد اکثر بار یہ فرمایا جاتا ہے کہ "کیا تم عقل سے کام نہیں لیتے ؟"

اردو پر حملے

اس مظلوم (زبان اردو) پر حملوں کی کچھ جھلکیاں ملاحظہ فرمایئے اور اس دوران اس امر پر بھی توجہ مرکوز رکھئے کہ یہ حملے کب سے جاری ہیں، کن لوگوں نے تقسیم سے قبل اس پر وار کئے اور اب کون لوگ اس بیچاری کے درپے ہیں ؟وہ عناصر کوئی بھی ہوں لیکن ایک قدر ان سب میں بلا شبہ مشترک ہے۔ وہ متذکرہ بالا جملہ حقائق و دلائل سے منہ موڑے اپنی "طاقت" کے بل پر اسے کچلنے پر کمربستہ ہیں لیکن یہ بات شاید پیش نظر نہیں

کہ "مظلوم کی آہ سے بچو کہ وہ عرش الٰہی کو بھی لرزا کے رکھ دیتی ہے (حدیث رسول ﷺ کا مفہوم)۔ یہ تو خیر ایک جملہ معترضہ تھا۔ آمدم بر سر مطلب:

1849ء میں سکھ دور کے اختتام پر اردو پنجاب کے دفاتر اور عدالتوں میں رائج کی گئی۔ اس پر پہلا حملہ 1862ء میں ہوا۔ اردو کے خلاف ایک زور دار مہم چلائی گئی۔ چنانچہ سر رابرٹ منٹگمری، گورنر پنجاب نے تمام کمشنروں اور ڈپٹی کمشنروں کا اجلاس طلب کیا۔ اکثر شرکاء نے اردو کے حق میں تقاریر کیں اور یہ حملہ ناکام ہو گیا نتیجتاً اردو ہی کارِ سرکار کی زبان رہی۔ اس سخت جان زبان پر دوسرا حملہ 1882ء میں ہوا۔ لہٰذا ہنٹر کمیشن" قائم کیا گیا۔ ایک سوالنامہ جاری کیا گیا اور اردو کی پنجاب سے بے دخلی کا تمام انتظام پورا کرنے کے اشارے ملنے لگے۔ اگرچہ عوامی سطح پر اس حوالے سے سخت بے چینی پائی جاتی تھی۔ لیکن عوام تو ہر دور میں مجبور ہی رہے ہیں۔

خوش قسمتی سے سر سید احمد خان اس کمیشن کے ممبر تھے جنہوں نے اپنی ذہانت اور اردو سے بے پناہ محبت کے بل پر اس حملے کو بڑے ٹیکنیکل طریقے سے ناکام بنا دیا۔ تیسرا حملہ 1908ء میں جب ڈاکٹر بی سی چیٹر جی نے پنجاب یونیورسٹی کے جلسہ تقسیمِ اسناد میں صدارتی خطاب کرتے ہوئے کہا کہ:

"پنجاب میں اردو کی جگہ پنجابی رائج کی جائے۔"

مسلمانانِ پنجاب کا اس پر شدید رد عمل ہوا۔ چنانچہ آل انڈیا مسلم ایجوکیشنل کانفرنس کا اجلاس بلایا گیا جس میں علامہ اقبالؒ، سر شیخ عبد القادر، سر محمد، مولانا شاہ سلیمان پھلواری، سر علی امام اور مولوی محبوب عالم، ایڈیٹر پیسہ اخبار، کے علاوہ دیگر مسلم زعماء شریک ہوئے،۔ چنانچہ اردو کی حمایت میں ایک زور دار قرار داد منظور کی گئی اور ساتھ ہی چیٹر جی کی تجویز سے شدید اختلاف بھی ریکارڈ کروایا گیا بلکہ یہاں تک قرار دیا گیا کہ یہ

تجویز صوبہ کے لئے نہایت مُضر ہے۔ اس طرح تقسیم ہند سے پہلے اردو پر یہ تیسرا حملہ بھی ناکام ہوا اور 1947ء تک اردو کی حیثیت برقرار رہی۔ جہاں تک اس امر کا تعلق ہے کہ بے کس ولاچار اردو پر پاکستان میں اپنوں کے ہاتھوں کتنے پے در پے حملے کئے گے تو یہ تحریر کسی لحاظ سے بھی ان کے تذکرہ کی متحمل نہیں صرف اتنا اشارہ کافی ہے کہ پاکستان کے ہر دستور میں اسے قومی زبان قرار دیا گیا لیکن اس کے نفاذ کیلیے وقت مانگا گیا۔ کبھی دس سال اور کبھی پندرہ۔ اس کے باوجود عملاً اسے پسپائیوں کے سوا کچھ نہ ملا۔ کبھی کوئی دور ایسا نہیں آیا بھی کہ اس کے نفاذ کا تو نہیں بلکہ اس کی حمایت کا غلغلہ بلند ہوا، چند ادارے قائم کئے گئے اور بعض اقدامات کا اعلان بھی کیا گیا لیکن یہ سب کچھ سیکنڈرے نیویا ممالک کے سپیدہ ء سحر سے زیادہ اہمیت کا حامل نہیں تھا کہ جیسے وہ طلوعِ آفتاب کے آثار پیدا کر کے غائب ہو جاتا ہے۔ لہٰذا ان اقدامات کا مقدر بھی یہی ٹھہرا۔ در حقیقت اردو کی علامہ اقبالؒ اور قائد اعظمؒ کے پاکستان میں کہانی اس کی اپنی زبانی سنیں تو یہ زبان حال سے کہتی دکھائی دیتی ہے۔

جن چراغوں سے شبستانِ حکومتِ رشک طور
ان چراغوں میں نہیں ہے روشنی میرے لئے

نقصان عظیم

موجودہ حالات میں تمام طبقات کے اہل شعور اور محب وطن حضرات اور تنظیم یا جماعتوں کو اس بات پر گہرے غور و فکر کے تحت سوچنا چاہیے کہ بر سر اقتدار طبقہ انگریزی ذریعہ ء تعلیم یا میڈیم کے جس بخار میں مبتلا ہے اور آہستہ آہستہ عوام الناس کو

بھی اس کا مریض بنا دیا گیا ہے، کا حقیقی نقصان بلکہ ناقابل تلافی نقصان کیا ہو گا؟اس کا سب سے بڑا نقصان لارڈ میکالے کے توقع کے عین مطابق ذہنیتوں کی تبدیلی ہو گی۔ اس کے لئے مندرجہ بالا حقائق کے ساتھ ساتھ ذاتی مشاہدے میں آنے والی تین مثالیں امر واقع کو بالکل واضح کر دیں گی۔

1۔راقم کے ایک دوست ائیر فورس میں اعلیٰ عہدے پر فائز ہیں ۔ ان کے صاحبزادے سے بوقت ملاقات دریافت کیا کہ بیٹے اردو کتب کا مطالعہ بھی کیا ہے؟ سبب پوچھا تو کہنے لگے۔ "انکل اردو میں کوئی سٹینڈرڈ کی کتاب موجود ہی نہیں ہے۔ الامان و الحفیظ !اردو کی عظمت کے ترانے سارا زمانہ گائے (متذکرہ بالا تمام امثال کو ذہن میں رکھئے۔) اور صاحبزادے کی نظر میں اردو میں کام کی کوئی کتاب ہی نہیں۔ واضح رہے کہ اس نوجوان کا ایک نہایت دیندار اور نیک خاندان سے تعلق ہے کہ جن کے دادا نے ضلعدار ہوتے ہوئے بھی درویشانہ زندگی گزاری اور مولانا اشرف علی تھانویؒ کے معتقد خاص تھے۔

2۔ایک صاحبہ لبرٹی مارکیٹ لاہور میں ایک دوست کی دکان پر تشریف لائیں۔ باتوں باتوں میں فرمانے لگیں (نہایت سنجیدگی کے ساتھ) کہ اسلام پر عمل ہوتا دیکھنا ہے تو امریکہ کی مثال سامنے رکھیں۔ شاید موصوفہ کسی ایسے سیارے پر رہتی رہتی لاہور میں اتری ہوں گی جہاں امریکہ کے عراق اور افغانستان بلکہ پوری دنیا میں مظالم کی خبریں نہیں پہنچتی ہوں گی۔

3۔ایک دفعہ جب قیام مسقط کے دوران (جہاں راقم یونیورسٹی میں بطور "ریسرچ ایڈوائزر" کام کر رہا تھا) ایک دوست کو، سعودی عرب میں بہتر ملازمت کے سبب روانگی کے وقت، الوداع کہنے ایئرپورٹ کی طرف جا رہے تھے تو ان کے انگریزی میڈیم کے

پروردہ صاحبزادے سے پوچھا۔ "بیٹا !سعودی عرب جانا کیسا لگ رہا ہے ؟"جواب ملا۔ "انکل میں خوش نہیں ہوں، لیکن چلو پاپا نے فیصلہ کر ہی لیا ہے تو ٹھیک ہے "۔باقی بات سننے سے پہلے یہ امر ذہن میں رہے کہ ان کے والد گرامی اور دادا جان کی نیک نفسی اور ارض پاک سے محبت بے مثال تھی۔ باپ کا دل سرزمین حجاز میں جانے پر بلیوں اچھل رہا تھا اور صاحبزادہ صاحب اداس۔ اداسی کی وجہ پوچھنے پر رونگٹے کھڑے ہو گئے۔ صاحبزادہ کہنے لگا؛"وہاں دہشت کی فضا ہے، گھٹن ہے اور لوگوں پر ظلم کیا جاتا ہے "۔اس کی مراد سعودی عرب میں نافذ اسلامی نظام تعزیرات سے تھی۔ اس موقعہ پر علامہ اقبالؒ کے کچھ اشعار زیر غور لائے جائیں تو واقعتاً پتہ چلتا ہے کہ "میڈیم کا بخار "کس طرح ملی موت پر منتج ہوتا اور کیا کیا گل کھلاتا ہے۔

گلا تو گھونٹ دیا اہل مدرسہ نے تیرا
کہاں سے آئے صدا لا الہ الا اللہ !

یا پھر؛

خوش تو ہیں ہم بھی جوانوں کی ترقی سے مگر
لب خنداں سے نکل جاتی ہے فریاد بھی ساتھ
ہم تو سمجھے تھے کہ لائے گی فراغت تعلیم
کیا خبر تھی کہ چلا آئے گا الحاد بھی ساتھ

اور پھر یہ دیکھئے کہ۔

تعلیم کے تیزاب میں ڈال اس کی خودی کو
ہو جائے ملائم تو جدھر چاہے اسے پھیر

ایک مفروضہ یہ سامنے لایا جاتا ہے کہ اس طرح اردو میڈیم اور انگلش میڈیم کا

فرق ختم ہو جائے گا اور امیر و غریب میں مساوات قائم ہو جائے گی۔ کیا ان سکولوں کے لاکھوں بچے کہ جنہیں پینے کا پانی میسر نہیں ، رفع حاجت کے لئے اساتذہ تک کیلیے کوئی سہولت نہیں، بیٹھنے کو بعض اوقات ٹاٹ بھی میسر نہیں ہوتے اور ناکافی عمارات کے سبب بچے درختوں کے نیچے پڑھنے پر مجبور ہوتے ہیں، نام نہاد انگلش میڈیم میں تعلیم حاصل کر کے کئی پشتوں سے امیر و کبیر بچوں کے برابر ہو جائیں گے ؟

حقیقت یہ ہے کہ اگر ایسے سکولوں کے بچے رٹ رٹا لگا کر پاس ہو بھی جائیں گے تو میاں مٹھو قسم کے طوطوں سے زیادہ ان کی حیثیت (مراعات طبقہ کے سامنے) کچھ نہیں ہو گی۔ چند سال پہلے تک لاہور کا ایک گرلز کالج بڑ کے ایک بہت بڑے درخت کے نیچے قائم تھا۔ صاف ظاہر ہے وہ کالج کسی "پوش" آبادی کا تو نہیں تھا۔ مقام افسوس ہے کہ گزشتہ صدی کی نویں دہائی میں ہی ایک مڈل سکول (یا غالباً پرائمری) ایسا بھی تھا کہ چھٹی کے وقت اس کے اساتذہ ملحقہ سرکاری ہسپتال کی لیٹرین میں اپنا سامان رکھ کر جاتے اور اگلے روز آکر نکالتے اور سکول لگا لیتے تھے۔ ماشاء اللہ اب ایسے سکولوں کے بچے ترقی کی منازل بڑی تیزی سے طے کرنے لگیں گے۔ افسوس صد افسوس کہ ؛ تیرے جوتے پر چمک ہے اس کے ماتھے پر نہیں۔

اصل ضرورت اس امر کی ہے کہ نظامِ تعلیم و تدریس میں بنیادی تبدیلیاں لائی جائیں اور اساتذہ کو نظم و ضبط کا پابند بنایا جائے۔ اب دیہات تک میں اکیڈمیوں کی وبا پھیل چکی ہے۔ سرکاری سکولوں اور کالجوں میں اساتذہ و طلباء کی دلچسپی صرف حاضری تک محدود رہتی ہے۔ احقر کے اپنے آبائی علاقے میں ایک روز ڈسٹرکٹ ایجوکیشن آفیسر نے غیر حاضر اساتذہ کو معطل کیا تو دوسرے روز سینیٹر صاحب نے ان سب کو بحال کروا دیا۔ ان حالات میں انگریزی ذریعہ تعلیم کا امرت دھارا کیا رنگ دکھائے گا؟ جو طلبہ اردو

میں کتابیں پڑھ پڑھا کر پاس ہو جاتے تھے اب صرف ناکامی کا منہ ہی دیکھیں گے۔ کیونکہ طلباء کو اپنی زبان میں جو کچھ سمجھ آجاتی ہے اس سے بھی عاری ہو جائیں گے۔ یہ بھی سننے میں آرہا ہے کہ پاکستانی طبلے پر امریکی تھاپ اور ڈالروں کی جھنکار کے تحت اردو کے رقصِ بسمل کا اہتمام کیا جارہا ہے۔۔ ایسے میں ایک ہندو شاعر آنند نرائن مُلا چشمِ تصوُر میں یہ کہتے دکھائی دے رہے ہیں۔

گو لاکھ ہو رنگت پھولوں میں خوشبو جو نہیں تو کچھ بھی نہیں
اس ملک میں چاہے ہُن برسے اردو جو نہیں تو کچھ بھی نہیں

غیر آئینی اور غیر جمہوری اقدام

ہمارے ملک میں آج تک بر سر اقتدار رہنے والے سیاستدان خواہ موجودہ ہوں یا گذشتہ ادوار کے، آئین اور جمہوریت کا بہت تذکرہ کرتے ہیں۔ قطع نظر اس کے کہ انہوں نے بذات خود قانون شکن آمروں کی گود میں پرورش پائی ہو یا ان کے سہارے میں آکر ملک کے سیاہ و سفید کے مالک بن بیٹھے ہوں۔ اسی تناظر میں جائزہ لیں تو باقی دساتیر کو ایک طرف رکھتے ہوئے 1973ء کے آئین کو لیجئے۔ اس کے مطابق 14 اگست 1988ء تک پاکستان میں نفاذ اردو کا کام ہر لحاظ سے مکمل ہو جانا چاہیے تھا۔ کیونکہ آئین کی دفعہ نمبر (1)251 اس امر کی یقین دہانی کراتی ہے لیکن ہر آنے والا دن قومی زبان کو پیچھے دھکیلنے کی خبر لے کر آتا ہے۔ اردو کو سکولوں میں ذریعہ تعلیم کے طور پر منسوخ کر کے وہاں انگریزی رائج کرنا ایک سراسر غیر آئینی قدم ہے۔ لہٰذا ایسے فیصلوں اور اقدامات کی آئین و اخلاق ہر دو اجازت نہیں دیتے۔

اس موقع پر صوبائی یا علاقائی زبانوں کا معاملہ سامنے آسکتا ہے لیکن اسے ایک بدیشی زبان کو رائج کرنے کی دلیل قطعاً قرار نہیں دیا جاسکتا۔ ان کی ترقی کے اقدامات سے مفر نہیں لیکن ان سب پر انگریزی کو مسلط کرنا کونسی جمہوری روش ہے ؟ اگرچہ یہ مسئلہ قدرے پیچیدہ ہے اور بد قسمتی سے اردو سندھی کشمکش بھی جنم لے چکی ہے لیکن یہاں ایک بزرگ کے قول سے خاصی رہنمائی ملتی ہے۔ وہ فرمایا کرتے تھے (مذہبی تناظر میں) کہ "مختلف فرقوں کے پیرو کار ایک دوسرے کی فقہ کے رائج ہونے کے راستے میں تو مزاحم ہیں لیکن انگریز کی فقہ بلکہ دین (نظام حیات) کو سب نے ٹھنڈے پیٹوں برداشت کیا ہوا ہے۔" انگریزی ذریعہ تعلیم (صوبے پنجاب تک) کے حق میں ایک کونے سے یہ آواز بھی اٹھتی ہے کہ نصابات تیار ہو چکے ہیں اور فیصلہ ہو گیا ہے۔ لہٰذا اسے کیسے بدلیں ؟

یوں تو پاکستان کی تاریخ میں ارباب اقتدار نے خود کئے ہوئے لاتعداد فیصلے بدلے ہیں لیکن سب سے بڑی مثال جوہر آباد میں پاکستان کے دارالحکومت کا فیصلہ ہے جس کی شہادت کے طور پر وہاں اب تک کچھ عمارات بھی موجود ہیں۔ بعد ازاں قومی مفاد میں اس فیصلے کو بدلا گیا اور اسلام کے نام سے نیا شہر آباد کر کے اسے ملک کا دارالحکومت بنا دیا گیا۔ اسی طرح ماضی قریب میں مسلم لیگ (ن) نے میثاقِ جمہوریت کے تحت انتخابات کے بائیکاٹ کا فیصلہ کیا جسے تبدیل کر کے الیکشن میں بھرپور طریقہ سے حصہ لیا گیا۔

حرفِ آخر

رہی بات عوام الناس اور اقتدار کی غلام گردشوں سے باہر کے حضرات کی تو جن کے دل پر یہ تحریر دستک دے وہ ہر آئینی اور جمہوری ذریعہ اختیار کر کے اپنے ملک اور

دین اسلام سے آئندہ نسلوں کے کٹ جانے سے بچاؤ کی تدابیر کریں۔ یعنی انگریزی ذریعہ تعلیم کے فیصلے کو تبدیل کروانے میں اپنا کردار ادا کریں۔ رہا سوال کہ کون کیا کرے؟ کیسے اور کب کرے؟ اس کا جواب ہر شخص کے پاس خود موجود ہے۔ کیونکہ "جو کام ہمیں کرنا ہو اس کے لئے طریقے بہت اور جو نہ کرنا ہو اس کے لئے بہانے بہت" کہا جا سکتا ہے آئندہ نسلیں انگریزی ذریعہ تعلیم کے تحت پڑھ لکھ کر اپنے ملک اور دین اسلام سے کس طرح کٹ جائیں گی تو اس ضمن میں درج ذیل عبارت پر نہایت سنجیدگی سے غور فرما کر فیصلہ خود کر لیجئے۔

ایک بار بابائے اردو مولوی عبدالحق مرحوم نے فرمایا تھا؛"زبان کسی قوم کی جان ہوتی ہے اس کا گلا گھوٹنا گویا قوم کا گلا گھوٹنا ہوتا ہے۔" ان کے اس قول کی صداقت کے لیے ذیل میں لارڈ میکالے کی بات سنیں تو خوب وضاحت ہو جاتی ہے۔ جب اس نے 1835ء میں فارسی کو بے دخل کر کے اخلاقی، روحانی اور لسانی لحاظ سے مسلمانوں کے قلوب و اذہان پر قبضہ کا پروگرام بنایا تو کہا؛

"ہم ایک ایسا طبقہ پیدا کرنا چاہتے ہیں جو رنگ و خون کے لحاظ سے تو ہندوستانی ہو گا مگر مزاج، طبیعت، رائے، اخلاق و عادات اور فہم و فراست کے لحاظ سے انگریز"۔

اب اس کے بہنوئی چارلس ٹریویلین کی بات پر غور کیجئے۔ ور دوبارہ بالادستی حاصل کرنے کی کوشش کریں گے۔ لیکن جدید تعلیم یافتہ طبقہ ہمیں غاصب اور دشمن کی بجائے دوست سمجھے گا۔ یہ لوگ ہندوستانی کم اور انگریز زیادہ ہوں گے۔ وہ ہم سے نفرت کرنے کی بجائے ہمیں اپنا محسن سمجھیں گے اور ہماری مشابہت کو اپنی معراج تصور کریں گے۔ گو محمڈن ازم، (اسلام) سخت مادے کا بنا ہوا ہے۔ تاہم وہ نوجوان جس نے انگریزی تعلیم حاصل کی ہو، اپنے آبائی طریقے پر شریعت کی تعلیم حاصل کرنے والے سے بالکل مختلف

بن جاتا ہے۔"

یہاں بصد افسوس کہنا پڑتا ہے کہ لارڈ میکالے اور اس کے ساتھیوں نے مسلمان نسلوں کو اغوا کرنے کا جو منصوبہ بنایا تھا اس پر اسلام کے نام لیوا اور اکثر دینداروں کے حمایت یافتہ رہنما بھی بڑے زور شور سے عمل پیرا ہیں۔

☆☆☆

اردو بنام باشعور اہل وطن

مکرمی! میں وہ اردو ہوں جس کے وجود کو ختم کرنے کے لئے 1867ء سے 1947ء تک ہندوؤں نے ایڑی چوٹی کا زور لگایا کیونکہ میں ہندو مسلم چپقلش میں مسلمانوں کے امتیاز کی حامل تھی۔ گاندھی کو مجھ سے خصوصی بیر تھا۔ وہ کہتا تھا کہ اُردو مجھے اس لئے ناپسند ہے کہ یہ قرآنی رسم الخط میں تحریر کی جاتی ہے۔ مذکورہ حملوں کے دوران کبھی تو میرا سر سید احمد خاں نے دفاع کیا کبھی نواب سلیم اللہ خاں بہادر، نواب وقار الملک اور نواب محسن الملک میرے پشتی بان بن کر ڈٹ گئے اور کبھی علامہ اقبالؒ اور قائد اعظمؒ میری حفاظت کے لئے سینہ سپر ہو گئے۔

جب آزادی کا سورج طلوع ہوا تو ہر آئین میں مجھے قومی زبان (دفتری عدالتی تعلیمی) قرار دیا گیا۔ یہاں تک کہ 1973ء کے دستور میں میرے مکمل نفاذ کی تاریخ 14 اگست 1988ء تک طے کر دی گئی (آرٹیکل نمبر 251-1)۔ یہ تو تھی میری آئینی اخلاقی اور تاریخی حیثیت لیکن آزادی کے بعد کی میری داستان بھی درد و آلام سے بھری ہوئی ہے۔ انگریز تو چلے گئے لیکن جیسے یہاں اپنی زندگی چھوڑ کر مجھے تدفین کی غرض سے ساتھ لے گئے۔ کالے انگریزوں نے جو کچھ میرے ساتھ کیا اس سے آپ خوب آگاہ ہیں۔

مجھے سرکار دربار میں "انگلش بی" کے سامنے ایک لونڈی سے زیادہ حیثیت نہ دی گئی۔ قائد اعظم کے میرے حق میں واضح فرامین اور آئینی تحفظات کو ہر دور میں ردی کی ٹوکری میں پھینکا جاتا رہا۔ مرحوم ضیاء الحق اور غلام حیدر وائیں کے ادوار میں مجھے کچھ سکھ

کا سانس لینے کا موقع ملا، لیکن وہ ورود محض عارضی ثابت ہوا۔

میرے ذریعہ تعلیم ہونے کے سبب غرباء اور نچلے متوسط طبقہ کے کافی بچے ٹیوشن کی سہولت نہ ہونے کے باوجود مختلف امتحانات میں کامیابی حاصل کر کے ڈاکٹر انجینئر اور اعلیٰ سول اور فوجی افسر بن جاتے تھے۔ اب وہ خیر سے پرائمری سے ہی سکول چھوڑنے پر مجبور ہونگے اور یہ عمل شروع بھی ہو چکا ہے۔ ڈالروں کی بوچھاڑ میں میری کٹیا برباد کی جا رہی ہے۔ موجودہ لیگی حکومت عالمی سامراجی اداروں کے آلۂ کار کی حیثیت سے میرے وجود کے درپے ہے۔ کیا علامہ اقبالؒ، قائد اعظمؒ اور آئین کے خالق رہنما خادمِ اعلیٰ کی نسبت کم دانا اور ترقی کے تقاضوں سے نا آشنا تھے؟

ذرا غور تو فرمایئے! اگر آپ میں سے کوئی روس میں جا کر کہے کہ اپنے بچے میرے حوالے کر دو۔ میں انہیں اردو (یا انگریزی سہی) میں انہیں تعلیم دونگا تو یقیناً وہ دماغی امراض کے ہسپتال کی راہ دکھائیں گے۔ گاندھی اور نہرو تو میرا کچھ نہ بگاڑ سکے لیکن قائد اعظمؒ کے ''اصلی تے وڈے وارث'' ہونے کے دعوے دار اور دن رات آئین کی حکمرانی کی رٹ لگانے والے میری گردن پر کیوں چھری چلا رہے ہیں؟ اندریں حالات آپ کیا سوچتے ہیں؟ اور کوئی بات بھی آپ کی سمجھ میں نہ آئے تو ملکی یکجہتی کی حامل زبان ہونے کے ناطے میری بجائے پاکستان کی سالمیت کا تو سوچیے، جو سخت خطرات کا شکار ہے۔

آخر میں دردمندانہ گذارش ہے کہ میری دادرسی کیجئے جسکے کئی راستے ہیں۔ قانونی، عوامی، تحریری اور پرامن مظاہرے۔ آپ اپنی ذاتی اغراض کے لئے یہ سب کچھ کرتے رہتے ہیں بلکہ اس سے بھی کہیں آگے بڑھ جاتے ہیں۔ میرا تحفظ آپ کا اپنا تحفظ ہے۔ وگرنہ لکھ لیجئے کہ: تمہاری داستان تک بھی نہ ہو گی داستانوں میں۔ سب نے یکجہتیِ پاکستان کی بات کی ہے۔ مجھے برباد کر کے کونسی زبان ہے جسے ملکی سالمیت کا ذریعہ بنائیں گے آپ؟

اسلام کے بعد ملک پاکستان کو متحد رکھنے والی کویوں بیک بینی دو گوش ملک کے سب سے بڑے صوبے پنجاب سے یوں جلاوطن نہ ہونے دیجئے۔ سوچتی ہوں کہ ساری عمر میری کمائی کھانے والے بڑے بڑے قلمکار کہاں سو گئے؟

زمین انہی نگل گئی کہ آسمان کھا گیا یا بقول شورش کاشمیری: پیٹ کی مار نے ہمیں قبروں کے کتبے بنا دیا ہے۔

☆☆☆

اردو پر خُود کش حملہ

اردو برصغیر پاک و ہند میں مسلمانوں کی ایک نمایاں پہچان رہی ہے۔ قیام پاکستان کے بعد اسے ہر آئین میں قومی زبان قرار دیا گیا۔ لیکن اسے وقتاً فوقتاً پرایوں اور اپنے "محسنوں" کے حملوں کا سامنا کرنا پڑتا رہا۔ تقسیم سے قبل پرائے اور اس کے بعد اپنے اس پر حملہ آور ہوتے رہے۔ اب صوبہ پنجاب کی حکومت نے اس پر حملہ کر دیا ہے۔ قدرے تفصیل میں جانے سے قبل قارئین کرام کو گزشتہ حملوں کی جھلکیاں دکھانا دلچسپ امر ہو گا۔

اردو 1849ء میں سکھ دور کے اختتام پر صوبہ پنجاب کے سرکاری دفاتر اور عدالتوں میں رائج کی گئی۔ اس پر پہلا حملہ 1862 میں ہوا۔ اردو کے خلاف ایک زوردار مہم چلائی گئی اور صوبہ بدر کرنے کا مطالبہ کیا گیا۔ چنانچہ پنجاب کے گورنر سر رابرٹ منٹگمری نے انگریز کمشنروں اور ڈپٹی کمشنروں کا اجلاس طلب کر کے آراء حاصل کیں۔ اکثر شرکاء نے اردو کے حق میں تقاریر کیں اور یہ حملہ ناکام ہو گیا۔ نتیجتاً اردو سرکاری زبان رہی اس سخت جاں زبان پر دوسرا حملہ 1882ء میں کیا گیا۔ اردو کی تقدیر کا فیصلہ کرنے کیلئے ہنٹر تعلیمی کمیشن قائم ہوا۔ ایک سوالنامہ جاری ہوا اور بظاہر پنجاب سے اس کی بے دخلی کے واضح اشارے ملنے لگے۔ اگرچہ عوامی سطح پر اس حوالے سخت بے چینی پائی جاتی تھی لیکن وہ بیچارے تو روز اول سے مجبور ہی رہے ہیں۔ کوش قسمتی سے سر رسید اس کمیشن کے رکن

تھے۔ مسلمانوں کو انگریزی پڑھنے کی تلقین کرنے والے یہ مبلغ اردو سے بھی بے پناہ محبت کرتے تھے چنانچہ انہوں نے اس حملے کو بھی بڑے ٹیکنیکل طریقے سے ناکام بنا دیا۔ تیسرا حملہ 1908ء میں ہوا جب ڈاکٹر بی سی چٹرجی نے پنجاب یونیورسٹی کے جلسہ اسناد مین خطاب کرتے ہوئے کہا کہ "پنجاب میں اردو کی جگہ پنجابی رائج کی جائے" مسلمانان پنجاب نے اس پر شدید رد عمل کا اظہار کیا۔ چنانچہ آل انڈیا مسلم ایجوکیشن کانفرنس کا ہنگامی اجلاس بلایا گیا جس میں علامہ اقبال، سر شیخ عبدالقادر، سر محمد شفیع، مولانا شاہ سلیمان پھلواری، سر امام علی اور مولوی محبوب عالم ایڈیٹر "پیسہ اخبار" اور دیگر مسلم زعماء شریک ہوئے۔ چنانچہ اردو حمایت میں ایک زبردست قرارداد منظور کی گئی اور ساتھ ہی چیٹرجی کی تجویز سے سخت اختلاف بھی ریکارڈ کیا گیا۔ اس طرح تقسیم ہند سے پہلے یہ تیسرا اور آخری حملہ بھی ناکام ہوا۔

قیام پاکستان کے بعد بنگال میں اردو کے خلاف آواز اُٹھائی گئی جسکے نتیجہ میں قائد اعظم مرحوم بنفس نفیس وہاں تشریف لے اور ڈھاکہ میں دوٹوک الفاظ میں اعلان کیا کہ اردو اور صرف اردو ہی پاکستان کی قومی زبان ہو گی۔ اگرچہ جب سے اب تک یہ انگریز کے ذہنی غلاموں کے چرکے مسلسل سہتی رہی لیکن ایوبی دور میں اس کے رسم الخط کو عربی کے بجائے سرے سے رومن میں تبدیل کرنے کے عزائم کا اظہار کیا جانے لگا۔ اپس بار بابائے اردو مولوی عبدالحق، ڈاکٹر سید عبداللہ، مولانا صلاح الدین و دیگر نامور اردو نے اسکا بے مثال طریقے سے دفاع کیا اور اب کی بار بھی یہ خطرہ ٹل گیا جبکہ ان زعماء کے بعد احمد خان (ملیگ) مرحوم، صدر تحریک نفاذ اردو نے اپنی بساط کے مطابق قومی زبان کی حمایت کا علم بلند کئے رکھا۔ ان کی وفات کے بعد اردو "دشمنوں" کیلئے عملاً میدان صاف ہو گیا۔

خودکش حملہ آوروں کے متعلق اب تک جو معلومات ملی ہیں ان کے مطابق مسلمان نوجوان کو دنیا میں ہی جنت کی نعمتوں اور حوروں بہشت کے حسن دلفریب کی جھلکیاں دکھائی جاتی ہیں اور اس بات پر آمادہ کرلیا جاتا ہے کہ:

"اپنی جان کو دھماکہ مین اڑاکر ابدی جنت حاصل کولو۔ اس عارضی زندگی وناپائدار دنیاکو خیر باد کہو، اپنے ہم وطنوں کو خاک وکون مین لوٹاؤ اور ابدی زندگی کی خوشحالیوں سے متمتع ہو جاؤ"۔

بدقسمتی سے کچھ ایسی ہی صورت حال پاکستان کے سب سے بڑے صوبہ پنجاب مین آئینی تحفظ رکھنے والی اور قائد اور علامہ کی محبوب زبان اردو کے حوالے سے پیش آگئی ہے۔ حکومت پنجاب کو اسکے مشیر حضرات نے اردو ذریعہ تعلیم کو اسکولوں سے بے دخل کر کے "انگلش میڈیم" کے نفاذ کے تحت ترقی اور خوشحالی کی جنت کا یقین دلایا ہے، لہذا خادم اعلی پنجاب برصغیر میں مسلم رہنماؤں کی اردو کیلیئے دو توک حمایت اور جدوجہد کو ایک طرف رکھ کر پنجاب کو "جنت ارضی" بنانے پر تلے ہوں۔

یوں لگتا ہے کہ ان کے خیال مین متذکرہ قائدین اور پاکستان کے تمام آئین بنانے والے دور جدید کے تقاضوں اور انگریزی کی اہمیت سے قطعاً نابلد تھے جبکہ حکومت پنجاب جو جنت حاصل کرنا چاہتی ہے بلاشبہ اس کی ترقی اور خوشحالی کے بجائے ناخواندگی اور جہالت کے فوارے تو ضرور ہی پھوٹ رہے ہوگے کیونکہ ایک محتاط اندازے کے مطابق 1943ء سے اس وقت تک چالیس لاکھ نوجوانوں کو صرف اس لئے جہالت کے غاروں میں دھکیل دیا گیا کہ وہ دسویں جماعت میں انگریزی (بطور مضمون) پاس نہیں کر سکے۔ اس طرح بی اے، بی ایس سی کے حالیہ نتائج کے مطابق 78 فیصد ناکام ہوئے جن میں بہت بری اکثریت انگریزی میں فیل ہونے والوں کی ہے اور کم و بیش ہر سال ذہانت کا یوں

قتل عام ہو رہا ہے۔ ایسا آخر کیوں نہ ہو؟ ہمارے ارباب اقتدار انگلش دیوی کے چرنوں میں اپنے نوجوانوں کی ذہانتوں کا خون یوں پیش نہ کریں تو وفاداری کا اور کیا ثبوت پیش کریں؟ لیکن ہم تو ان سے مخلصانہ گذارش کرین گے کہ اردو پر رحم فرمائیں اور قومی تشخص کے اثاثے کو تباہ نہ ہونے دیں۔

***